지음 **ReadyAI**

전 세계 학생들에게 인공지능 교육을 보급하기 위해 AI 분야 최고의 연구자, 기관 및 기업과 협력하고 있어요. 인공지능 교육이 재미있고, 창의적 · 협력적 · 공감적 · 윤리적이어야 한다고 믿으며 인공지능 교육 대중화를 위해 노력 중이에요.

옮김 **이정모**

연세대학교와 같은 대학원에서 생화학을 공부하고, 독일 본대학교에서 유기화학을 연구했어요. 현재 국립과천과학관장으로 일하면서 과학의 대중화를 위한 저술과 강연 활동을 하고 있어요. 그가 쓴 어린이 과학책으로는 〈우리는 물이야〉, 〈과학자와 떠나는 마다가스카르 여행〉, 〈내 방에서 콩나물 농사짓기〉, 〈유전자에 특허를 내겠다고?〉, 〈책짓기〉, 〈나는야 초능력자 미생물〉, 〈꽃을 좋아하는 공룡이 있었을까?〉 등이 있어요.

감수 **장병탁**

서울대학교 컴퓨터공학부 POSCO 석좌 교수이며, 인지과학/뇌과학 협동 과정 겸임 교수, 서울대 AI연구원(AIIS) 원장이에요. 2003년 MIT 인공지능연구소(CSAIL) 및 뇌인지과학과 초빙 교수를 역임하였으며, 한국정보과학회 인공지능소사이어티 초대 회장, 서울대학교 인지과학연구소장, 한국인지과학회 회장을 역임한 바 있어요. 2019년부터 한국뇌공학회 회장으로서 뇌 과학의 발전과 산업화에도 기여하고 있어요.

감수 **김수환**

경인교육대학교 학사 · 석사를 거쳐 고려대학교에서 컴퓨터 교육 박사 학위를 취득하였고, SW · AI 교육 관련 교재 집필, 교사 연수, 교육 과정 개발 등에 참여하고 있어요. 초등학교 교사 15년 경력이 있으며, 현재 총신대학교 교수로 학생들에게 컴퓨터, SW · AI를 가르치고 있어요. 한국컴퓨터교육학회 부회장, 한국정보과학교육연합회 이사로 활동하고 있고, 총신미디어연구소장, 총신원격교육지원센터장으로 일하고 있어요.

감수 **이지항**

영국 Bath 대학교에서 AI 전공으로 박사 학위를 취득하였고, 현재 상명대학교 휴먼지능정보공학과에서 학생들을 가르치고 있어요. 산업통상자원부 장관 표창(2020) 과 한국인공지능학회 최우수논문상(2020)을 수상하고, 2020년 교육부가 시행한 K-MOOC AI, 자율에이전트 부문 강좌를 진행하고 있어요. 합리적이면서 도덕적으로 의사결정하는 인간의 뇌를 닮은 인공지능에 관심을 갖고 연구하고 있어요.

AI와 나
빅 아이디어 2 - 표현 & 추론

AI는 어떻게 선택할까?

ReadyAI 지음 | 이정모 옮김 | 장병탁 · 김수환 · 이지항 감수

빅 아이디어 #2

인공지능 에이전트는 세상의 지식과 정보를 표현하고 컴퓨터에 쌓아가면서, 추론에 활용해요.

에이전트: 특정한 목적을 위해 사용자를 대신해서 작업을 수행하는 자율적 프로세스예요.

표현: 세상의 지식과 정보를 컴퓨터가 이해하기 쉬운 형태로 나타내는 거예요.

추론: 인공지능이 알고 있는 것을 이용하여 짐작하는 거예요.

표현과 추론이 무엇인지 알기 위해
'동물 맞히기 게임'을 해 볼까요?

동물원에 새로운 동물 친구가 왔어요.

 펭귄일까요?

 새일까요?

상자 안에 어떤 동물이
있는지 맞혀 보세요!

고양이일까요?

물고기일까요?

인공지능은 질문을 하면서
문제를 풀어요.

"아마도 내가 아는 펭귄, 고양이, 새, 물고기,
이 네 가지 동물 중 하나일 거야."

헤엄을 치나요?

네!

그렇다면 고양이나 새는 아니야.

펭귄과 물고기 중에
어떤 동물인지 알 수 있도록
두 번째 질문을 해야겠어!

비늘이 있나요?

아니요!

물고기도 아니네.

짠! 문어예요!

인공지능은 문어를 처음 보았어요.

인공지능은 이 새로운 동물을
배우기 위해 무엇을 해야 할까요?

인공지능은 문어와
펭귄의 다른 점을 배우기 위해서
새로운 질문들을 해요.

펭귄과 문어는 무엇이 다른가요?

펭귄은 깃털이 있어요.

그럼, 문어는 깃털이 있나요?

문어는 깃털이 없어요.

이 사실을 꼭 기억해 둘게요!

앞에서 인공지능이 동물 친구를
맞히기 위해 사용한 방법을
의사결정 나무라고 해요.

인공지능은 선택을 하기 위해
의사결정 나무와 같은 '표현' 방법을 사용해요.

인공지능은 이미 알고 있던 정보를 이용해서 짐작해요.
이것을 '추론'이라고 해요.

 의사결정 나무: 여러 정보에서 필요한 것을 골라 뽑을 때, 나무의
가지처럼 표현하여 정보를 처리하는 방법이에요.

인공지능이 첫 번째 질문을 하면
의사결정 나무가 시작되지요.

첫 번째 질문
"헤엄을 치나요?"

네

아니요

인공지능은 첫 번째 질문의 대답을 이용해서
두 번째 질문을 선택해요.

첫 번째 질문
"헤엄을 치나요?"

네

아니요

두 번째 질문
"비늘이 있나요?"

두 번째 질문
"하늘을 나나요?"

이 경우 인공지능은 질문을
두 번 하면 답을 찾을 수 있어요.

첫 번째 질문
"헤엄을 치나요?"

네

아니요

두 번째 질문
"비늘이 있나요?"

두 번째 질문
"하늘을 나나요?"

네

아니요

네

아니요

인공지능의 <u>의사결정 나무</u>에는
마디처럼 갈라지는 부분이 있는데
이것을 '노드'라고 해요.

'시작 노드'예요. 의사결정 나무의
첫 번째 질문이에요.

'중간 노드'예요. 시작과 끝 사이에 있는
모든 질문들이에요.

동물들이 나온 이 부분을
'끝 노드'라고 해요.
질문 대신 답을 보여 줘요.

 '시작 노드'는 '뿌리 노드', '끝 노드'는 '잎 노드'라고도 해요.

33

인공지능이 모르는
새로운 동물이 답이라면,
인공지능은 그 차이를 배우기 위해
새로운 질문을 해요.

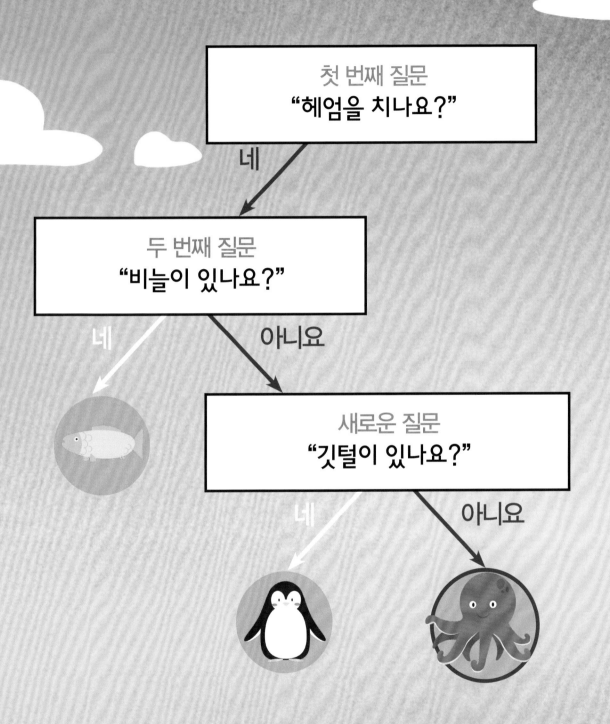

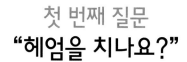
첫 번째 질문
"헤엄을 치나요?"

네   아니요

두 번째 질문
"비늘이 있나요?"

두 번째 질문
"하늘을 나나요?"

네   아니요   네   아니요

새로운 질문
"깃털이 있나요?"

네   아니요

얼룩말이 답이 되려면
의사결정 나무에 어떤 질문을
더 하면 될까요?

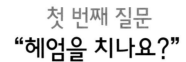

첫 번째 질문
"헤엄을 치나요?"

네

아니요

두 번째 질문
"비늘이 있나요?"

두 번째 질문
"하늘을 나나요?"

네

아니요

네

새로운 질문
"깃털이 있나요?"

네

아니요

의사결정 나무를 만드는
방법을 함께 알아보았어요.

우리가 만들 수 있는
의사결정 나무는 더 많아요.

아니요

새로운 질문
"까맣고 하얀 줄무늬가 있나요?"

네

아니요

이제 호랑이가 답이 되려면
어떻게 해야 할까요?

‘동물 맞히기 게임’처럼
의사결정 나무를 이용한 방법은
인공지능이 문제를 해결하는 방법 중 하나예요.

검색 나무

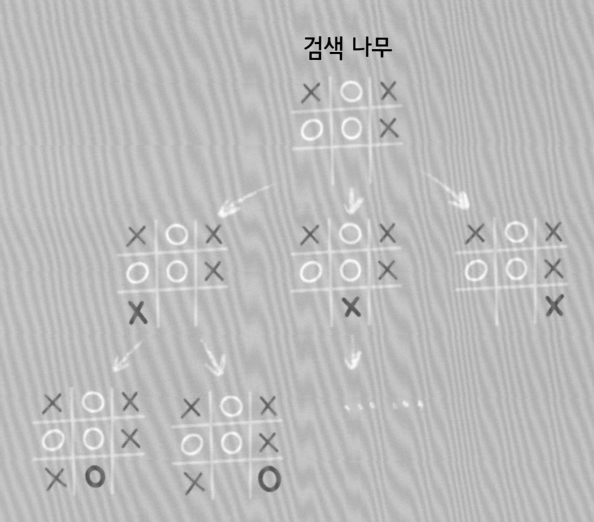

의사결정 나무는 최종 결정까지의 과정을 보여 주는 것이고,
검색 나무는 최종 결정을 하기 위해 여러 가지 가능성을 그려 보는 것이에요.

인공지능이 어떤 사물을 추론하는 방법에는
검색 나무, 인공 신경망이라는 방법도 있어요.

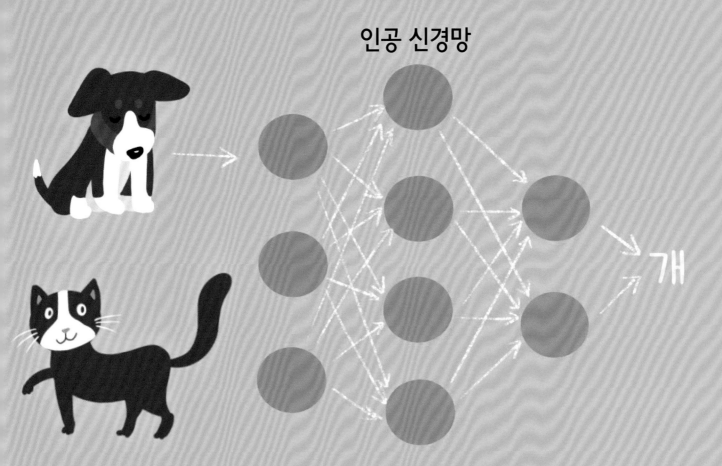

인공 신경망

개

신경망: 우리 뇌 곳곳에 정보를 전달하는 신경이 이리저리 얽혀 있는
'신경 그물'이라는 뜻이에요.

인공 신경망: 사람의 뇌와 비슷한 방식으로 정보를 처리하는
알고리즘이에요.

틱택토 게임을 할 때 인공지능은 가능한 모든 답을
나타내기 위해 검색 나무를 만들어요.

그런 다음 이길 가능성이 가장 높은 방법을
선택하는 결정을 하지요.

검색 나무

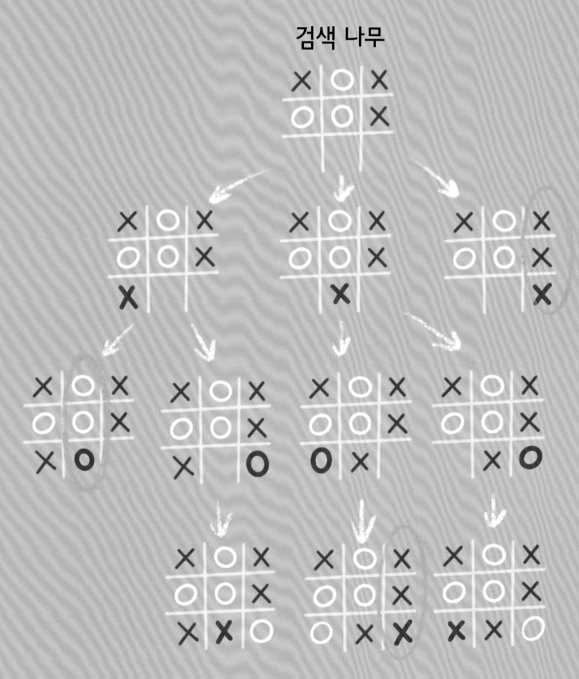

틱택토 게임을 위한 의사결정 나무를
완성해 보아요.

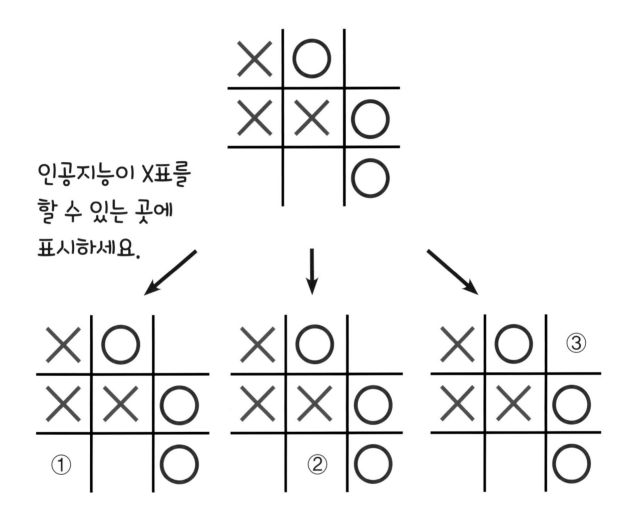

인공지능이 X표를
할 수 있는 곳에
표시하세요.

① ② ③

몇 번에 X표를 하면 인공지능이 이길까요?

틱택토 게임

1. ○와 X를 번갈아 그려요.
2. 가로, 세로, 대각선으로 ○나 X가 3개 직선으로 이어지면 이겨요.

틱택토 게임을 위한 의사결정 나무를
완성해 보아요.

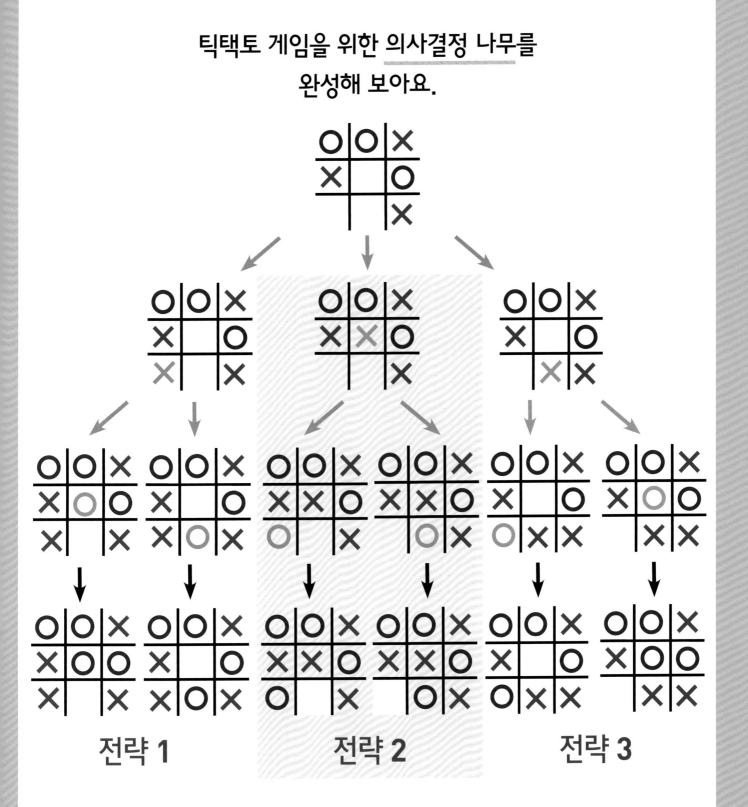

의사결정 나무의 마지막 줄을 완성하세요.
그리고 X표를 하여 이길 수 있는 가장 좋은 전략을 선택하세요.

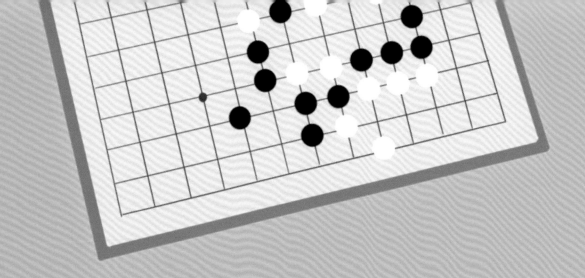

체스나 바둑 같은 게임에도
검색 나무를 사용할 수 있겠지요?

인공지능은 검색 나무를 사용해 게임판의 말이
어디로 움직일 수 있을지 판단해요.

그리고 인공지능은 자신이 이길 가능성이
가장 높은 움직임을 선택해요.

인공지능은 매우 빠르게 발전하고 있어요.

가장 뛰어난 체스나 바둑 선수만큼
체스나 바둑을 잘 둘 수 있지요.

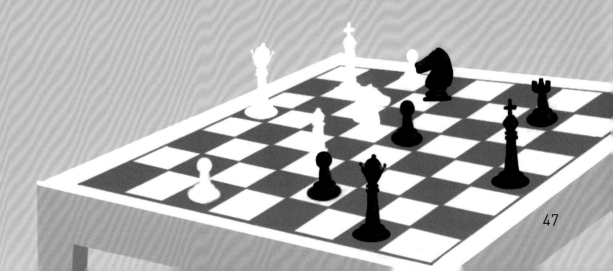

빅 아이디어 #2
표현 & 추론

지금 edu.readyai.org를 방문해서
온라인 자격증과 배지를 받으세요!

인공지능은 매우 빠르게 발전하고 있어요.

가장 뛰어난 체스나 바둑 선수만큼
체스나 바둑을 잘 둘 수 있지요.

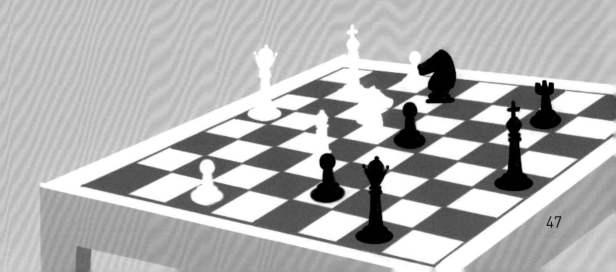

AI와 나

빅 아이디어 #2
표현 & 추론

지금 edu.readyai.org를 방문해서
온라인 자격증과 배지를 받으세요!

더 많은 AI와 나 배지에도 도전해 보세요!

| 빅 아이디어 #1 인식 | 빅 아이디어 #3 기계 학습 | 빅 아이디어 #4 사람과 AI의 상호작용 | 빅 아이디어 #5 사회적 영향 |

ReadyAI 홈페이지에서 어린이 학습자에게 기초 AI 교육을 온라인으로 무료 제공합니다.

인공지능의 기초를 알아가며 여러 가지 문제도 풀어 보세요.
각 단계를 끝까지 마치면, 다섯 개의 배지를 받을 수 있어요.

독자 여러분께,

인공지능의 '표현과 추론'을 즐겁게 읽으셨나요?

우리 생활과 함께 하는 모든 인공지능 에이전트(예를 들어 시리 같은 인공지능

비서, 우리의 질문에 대답하는 구글, 넷플릭스와 아마존 같은 추천 플랫폼,

그리고 스스로 주차하고 브레이크를 밟을 수 있는 자율주행 자동차)는

세상의 지식과 정보를 자신이 이해할 수 있는 방식으로 표현하고 계속 쌓아가요.

인공지능 에이전트는 우리가 좋아할 영화, 사려고 하는 물건, 앞에서 달리는

자동차의 움직임 등 우리가 행동하는 모든 것을 자신이 이해할 수 있는

방식으로 표현하고 계속 쌓아가요.

이러한 인공지능의 표현은 추론으로 이어져요.

인공지능은 추론을 통해 우리의 요구를 알아내려고 하지요. 여러분은

추론하는 인공지능 에이전트와 함께 성장하고 있어요. 이 책은 어린이들이

이토록 흥미진진한 세상에 익숙해지는 데 도움을 줄 것입니다.

데이비드 S. 투레츠기 박사
카네기 멜론대학 컴퓨터과학 교수
AI4K12 설립자
ReadyAI 자문위원회 위원

인공지능의 다섯 가지 빅 아이디어

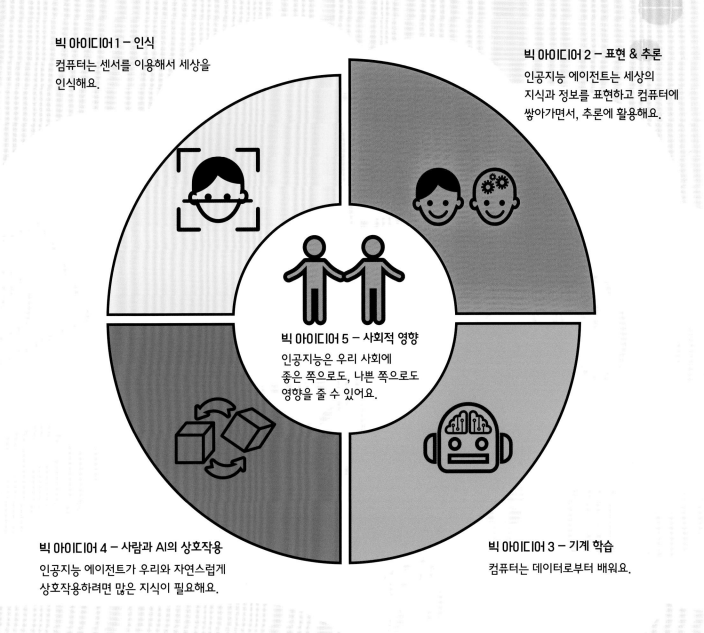

빅 아이디어 1 – 인식

컴퓨터는 센서를 이용해서 세상을 인식해요.

빅 아이디어 2 – 표현 & 추론

인공지능 에이전트는 세상의 지식과 정보를 표현하고 컴퓨터에 쌓아가면서, 추론에 활용해요.

빅 아이디어 5 – 사회적 영향

인공지능은 우리 사회에 좋은 쪽으로도, 나쁜 쪽으로도 영향을 줄 수 있어요.

빅 아이디어 4 – 사람과 AI의 상호작용

인공지능 에이전트가 우리와 자연스럽게 상호작용하려면 많은 지식이 필요해요.

빅 아이디어 3 – 기계 학습

컴퓨터는 데이터로부터 배워요.

인공지능의 다섯 가지 빅 아이디어는 AI4K12에서 AAAI(미국인공지능학회)와 CSTA(미국컴퓨터과학교사협회)가 협동으로 디자인한 K12(유치~고3까지 아우르는 교육과정) 인공지능 교육 가이드입니다.

부모님께,

어른들은 보통 자율주행 자동차, 시리, 빅스비 음성 지원 등의 여러 인공지능 기술들이 혁신적이지만 때로는 번거롭다고 생각합니다.
우리 아이들은 어른들처럼 생각하지 않습니다. 아이들은 인공지능을 자연스럽게 이해합니다. 아이들이 빅스비에게 어떤 질문을 하는지 보세요. 아이들은 어른들처럼 질문하지 않습니다.
앞으로 10여 년 안에 대부분 아이들은 인공지능 직장 동료, 인공지능 운전기사, 인공지능 보험 설계사, 인공지능 고객 서비스 담당자, 인공지능 은행원, 인공지능 접수 담당자, 인공지능 방사선 전문의와 함께 살아갈 것입니다. 간단히 말해서, 인공지능은 우리 아이들 삶에서 자연스러운 한 부분이 되어 있을 것입니다.

어른인 우리는 아이들이 인공지능을 효율적으로 사용하고, 본질적인 한계를 이해하고, 기술을 이용하여 더 좋은 미래를 만들 수 있도록 도와줘야 할 책임이 있습니다. ReadyAI의 핵심 신념은 "인공지능과 함께 살아가는 세상에서 전 세계 아이들은 누구나 지적, 정서적으로 발달할 수 있도록 인공지능 교육을 받을 권리가 있다"는 것입니다. 모든 아이들이 인공지능 교육을 받게 되면, 아이들은 첨단 기술과 단절된 구경꾼에서 지역 사회와 세계의 긍정적인 변화에 기여하는 능동적인 참여자로 변화할 수 있습니다.

인공지능은 넷플릭스에서 영화를 스포티파이에서 음악을 골라 주고, 페이스북에서 새로운 이야기들을 추천하는 것 이상의 중요한 역할을 곧 하게 될 것입니다. 우리는 아이들이 인공지능을 이해하고 사용하는 데 그치지 않고, 어릴 때부터 인공지능의 윤리와 사회적 영향을 신중하게 평가할 수 있도록 도와주어야 합니다. 우리 아이들을 위해 함께 나아갑시다!

루즈베 알리아바디
ReadyAI 대표

AI와 나 시리즈

인공지능 교육과정 영역 및 내용 요소

초등학교~고등학교

영역	세부 영역	내용 요소				
		초등학교 1~4학년	초등학교 5~6학년	중학교	고등학교 기초 (인공지능 기초 과목)	고등학교 심화
인공지능의 이해	인공지능과 사회	• 인공지능과의 첫 만남	• 인공지능의 다양한 활용 • 약인공지능과 강인공지능	• 인공지능 발전 과정 • 튜링 테스트	• 인공지능의 개념과 특성 • 인공지능 기술의 발전과 사회변화	• 인공지능 기술의 중요성 • 인공지능 융·복합
	인공지능과 에이전트				• 지능 에이전트의 개념과 역할	• 지능 에이전트 분석
인공지능 원리와 활용	데이터	• 여러 가지 데이터 • 수치 데이터 시각화	• 데이터의 중요성 • 문자 데이터 시각화 • 데이터 경향성	• 데이터 수집 • 데이터 전처리 • 데이터 예측	• 데이터의 속성 • 정형 데이터와 비정형 데이터	• 데이터 속성 분석 • 빅데이터
	인식	• 컴퓨터와 사람의 인식	• 컴퓨터의 인식 방법	• 사물 인식	• 센서와 인식 • 컴퓨터 비전 • 음성 인식과 언어 이해	• 컴퓨터 비전의 응용 • 음성 인식의 응용 • 자연어 처리
	분류, 탐색, 추론	• 특징에 따라 분류하기	• 인공지능 분류 방법 • 지식 그래프	• 인공지능 탐색 방법 • 규칙 기반 추론	• 문제 해결과 탐색 • 표현과 추론	• 휴리스틱 탐색 • 논리적 추론
	기계 학습과 딥러닝	• 인공지능 학습 놀이 활동	• 기계 학습 원리 체험	• 지도 학습 • 비지도 학습	• 기계 학습의 개념과 활용 • 딥러닝의 개념과 활용 • 분류 모델 • 기계 학습 모델 구현	• 기계 학습 알고리즘 • 강화 학습 원리 • 퍼셉트론과 신경망 • 심층신경망
인공지능의 사회적 영향	인공지능 영향력	• 우리에게 도움을 주는 인공지능	• 인공지능과 함께하는 삶	• 인공지능과 나의 직업	• 사회적 문제 해결 • 데이터 편향성	• 인공지능과의 공존 • 알고리즘 편향성
	인공지능 윤리		• 인공지능의 올바른 사용	• 인공지능의 오남용 예방	• 윤리적 딜레마 • 사회적 책임과 공정성	• 인공지능 개발자 윤리 • 인공지능 도입자 윤리

〈교육부, 한국과학창의재단〉

인공지능 교육과정 연계 가이드

초등학교 1~4학년

영역	세부 영역	내용 요소	수행 기대
인공지능의 이해	인공지능과 사회	인공지능과의 첫 만남	• 인공지능이 적용된 여러 가지 기기를 체험한다. • 인공지능이 인간보다 잘하는 것을 구분한다.
	인공지능과 에이전트		
인공지능 원리와 활용	데이터	여러 가지 데이터	• 놀이 활동을 통해 숫자와 문자를 색, 그림 등 다양한 방법으로 표현한다. • 생활 속에서 다양한 유형의 데이터(문자, 숫자, 이미지, 소리 등)를 찾아본다.
		수치 데이터 시각화	• 수치 데이터를 그래프(그림그래프, 막대그래프 등)로 표현한다.
	인식	컴퓨터의 인식 장치	• 사람의 감각기관과 컴퓨터의 입출력기기를 비교한다.
	분류, 탐색, 추론	특징에 따라 분류하기	• 사물의 특징을 찾아본다. • 사물의 특징에 따라 분류한다.
	기계 학습과 딥러닝	인공지능 학습 놀이 활동	• 놀이 활동을 통해 인공지능의 학습 과정을 체험한다.
인공지능의 사회적 영향	인공지능의 영향	우리에게 도움을 주는 인공지능	• 우리에게 도움을 주는 인공지능 서비스 · 제품을 찾아본다.

〈교육부, 한국과학창의재단〉

초등학교 5~6학년

영역	세부 영역	내용 요소	수행 기대
인공지능의 이해	인공지능과 사회	인공지능의 다양한 활용	• 우리 주변의 사물에 인공지능 기술을 적용할 수 있다.
	인공지능과 에이전트	약인공지능과 강인공지능	• 인공지능의 수준에 따라 약인공지능과 강인공지능을 구분할 수 있다.
인공지능 원리와 활용	데이터	데이터의 중요성	• 문자 데이터를 시각화하여 표현할 수 있다.
		문자 데이터 시각화	• 제시된 데이터를 통해 새로 입력된 데이터의 결과를 예측할 수 있다.
		데이터 경향성	• 다양한 센서를 통해 입력받은 정보를 컴퓨터가 인식하는 방법을 설명할 수 있다.
	인식	컴퓨터의 인식 방법	• 사물의 특징을 파악하여 분류 기준을 찾을 수 있다.
	분류, 탐색, 추론	인공지능 분류 방법	• 사물의 특징을 파악하여 분류 기준을 찾을 수 있다. • 의사결정 나무를 만들어 사물을 분류할 수 있다.
		지식 그래프	• 단어의 연관 관계를 지식 그래프로 표현할 수 있다.

〈교육부, 한국과학창의재단〉

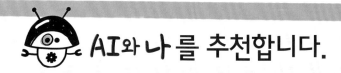

AI와 나 를 추천합니다.

이정모 국립과천과학관장

인공지능과 로봇의 시대는 우리 코앞에 닥쳤습니다. 이제 우리 아이들은 사람뿐만 아니라 인공지능과의 소통 능력이 아주 중요한 세상에 살게 된 것이죠. 인간 사이의 소통도 가르치기 쉽지 않은데 인공지능과의 소통은 어떻게 가르칠 수 있을까요? 아마 우리가 가르치는 못할 겁니다. 부모와 교사들도 경험하지 못한 일이니까요. 하지만 인공지능 시대를 두려운 마음으로 맞을 수는 없습니다. 전혀 새로운 이해가 필요합니다. 전혀 새로운 방식으로 소개해야 합니다. **AI와 나**는 인공지능 전문가와 교육 전문가들이 지혜를 모은 학습서입니다. 지금까지 이런 책은 없었습니다. 인공지능이 어떻게 세상을 인식하고, 추론하고, 학습하고, 표현하는지 그림과 짧은 글로 설명했습니다. 아이들의 눈에 맞추면서도 정확하게 설명했죠. 부모님 그리고 선생님들도 함께 보시기 바랍니다.

장병탁 서울대학교 컴퓨터공학부 교수

우리 어린이들은 앞으로 AI와 함께 살아갈 세대입니다. AI는 잘 활용하면 자신의 경쟁력을 키우는 협조자가 될 것이며, 반면에 자신의 일자리를 위협하는 경쟁자가 될 수도 있습니다. **AI와 나**는 이러한 AI 시대를 준비하는 미래의 나침반 역할을 하고 있습니다. AI가 어떻게 세상을 인식하고 표현하는지, 세상의 문제를 AI가 어떻게 해결하는지, 문제 해결을 위해서 AI가 어떻게 학습하는지, 그리고 사람과 AI가 어떻게 커뮤니케이션하는지를 그림과 예를 사용하여 구체적이면서도 재미있게 이야기로 풀어내고 있습니다. 그래서 어린이들이 AI의 원리를 쉽게 이해하고, 강력한 도구로 활용하는 법을 가르쳐 주어 AI 시대를 이끌어 가도록 안내하고 있습니다.

김수환 총신대학교 사범학부 교수

우리 아이들이 살아갈 세상은 인공지능과 공존하는 사회가 될 것입니다. 생활 곳곳에서 인공지능을 만나게 될 것이고, 일하는 회사에서도 인공지능을 활용하여 문제를 해결해야 하는 세상에서 살게 될 것입니다. 인공지능이 인간과 어떻게 다르고, 어떤 원리로 작동하는지 모른다면 인공지능을 제대로 활용할 수 없습니다. 인공지능에 대한 막연한 기대나 불안감은 인공지능을 제대로 알지 못하는 데에서 비롯됩니다. **AI와 나**는 어린아이들이 인공지능에 대해 쉽고 재미있게 배울 수 있는 기회를 제공합니다. 아이들과 함께 이야기를 따라가다 보면 인공지능의 원리를 재미있게 배울 수 있을 것입니다. 인공지능에 대해 알고 싶은 아이들에게 첫 번째 책으로 권하고 싶습니다.

이지항 상명대학교 휴먼지능정보공학과 교수

AI가 크게 발전하면서, 이에 대한 기대도 높지만 염려도 커지고 있습니다. 사실은 지능에 대한 탐구가 시작되면서 AI도 함께 발전해 왔고, 우리와 함께 늘 공존하고 있었습니다. AI가 무엇인지, 어떤 일을 하는지, 어떻게 우리와 상호작용하는지 알 기회가 적었던 것뿐이죠. **AI와 나**는 AI의 개념과 정보를 알기 쉽게 소개하고 있습니다. 특히 AI와 함께 살아갈 아이들이 알기 쉽도록, 쉬운 단어와 그림을 중심으로 실생활에서 찾아볼 수 있는 사례와 예시를 통해 AI를 소개하고 있습니다. 부모님과 아이들이 함께 읽어 보고 이야기를 나누면서, AI에 대해 더 깊이 알 수 있는 가족 첫 번째 AI 책으로 추천합니다.

AI와 나

빅 아이디어 2 – 표현 & 추론
AI는 어떻게 선택할까?

초판발행　2021년 7월 21일
지 은 이　ReadyAI
옮 긴 이　이정모
감　　수　장병탁 · 김수환 · 이지항
펴 낸 이　김남인
편　　집　최수현
디 자 인　곽상엽 · 박상군
마 케 팅　김진주
펴 낸 곳　씨마스 21
주　　소　서울특별시 강서구 강서로33가길 78
등록번호　제 2020−000180호 (2020년 11월 24일)
내용문의　02)2268-1597 / 팩스 02)2278-6702
홈페이지　www.cmass21.co.kr / 이메일 cmass@cmass21.co.kr
I S B N　979-11-5672-432-2
　　　　　979-11-5672-430-8(세트)